For politics, linguistics and poetry

Martin Kippenberger

67 Improved Papertigers Not Afraid of Repetition

Edition Julie Sylvester
Schirmer/Mosel

First improved papertiger not afraid of repetition:
Markus Lüpertz on the artistic guilty conscience – an artist should never do anything useful, never wash up or garden. He should do shit or nothing for days, because this feeds the artistic guilty conscience. One can work best with a guilty conscience. (This, of course, is not necessarily true).

Second improved papertiger not afraid of repetition:
The gourmosoph impersonates good taste (a popular variation of impersonating existence).

Third improved papertiger not afraid of repetition:
When once again you are standing under a foreign blow dryer and do not know how to compress time and think that going shopping is something useful and if you would like to find something original, buy Rum Phantasia for someone. Then, the someone won't have the responsibility, and you have not burdened yourself either. (Of course, one can buy flowers, and maybe for a woman who lives on the way home so you don't have to carry the flowers so long).

Fourth improved papertiger not afraid of repetition:
Kippenberger's better science – feeling, intellect, experience.

Fourth a) improved papertiger not afraid of repetition:
Stoned at home where we are, but tomorrow no mercy for outside + siders.

Fifth improved papertiger not afraid of repetition:
And who wound you up this morning?

Sixth improved papertiger not afraid of repetition:
It is blooming in my kindergarten, even if it isn't mine. Early rule in our garden – even those who didn't know him were dragged along and presented with his toys. (Zwangsbeglückung).

Sixth a) improved papertiger not afraid of repetition:
Everybody takes the responsibility. The expectation remains. Exchangeability exempts nightly duty. Let's dress more crudely than the employees.

Sixth b) improved papertiger not afraid of repetition:
Young marines in striped shirts remind us of late marines, although marines never take all their land leave. They love their beloved, but abstraction seems closer.

Sixth c) improved papertiger not afraid of repetition:
How do I break in a horse without a tail behind the hacienda (exception)?

Seventh improved papertiger not afraid of repetition:
What is a faux pas? When I misbehave, I don't want to be passed the kleenex.

Seventh a) improved papertiger not afraid of repetition:
Love fooling around is a public definition of – who looks on the piece of pie, which is visible and obtainable by everyone (twitching too much 1/8).

Eighth improved papertiger not afraid of repetition:
Making only art is exactly the right thing. (When Keith Moon was asked in the fifth floor of a lakeside hotel, what he thought success was, he stood up from the table and with a running start, jumped through the window).

Eighth a) improved papertiger not afraid of repetition:
When atrocities do not call for uproar, mercy is the best death penalty.

Ninth improved papertiger not afraid of repetition:
Fatigue as gesture.

Tenth improved papertiger not afraid of repetition:
Do you remember the French Minister of Culture, Jack Lang, his finger nails?

Tenth a) improved papertiger not afraid of repetition:
As liberalizing the when-to-come-home grows popular, it becomes more difficult to insist upon right through representation.

Eleventh improved papertiger not afraid of repetition:
Pasta ad astra! Through noodles we reach to the stars!

Eleventh a) improved papertiger not afraid of repetition:
Composure is required – beggars on the street kneel for ten marks.

Twelfth improved papertiger not afraid of repetition:
In Ristorante we order Jota o Minestrone di Statione and smear it on our sated wounds (no appetite, but we continue to order to keep our seats). Outwitting is good, standing is uncomfortable, although taking the seats from deserving flying marines.

Twelfth a) improved papertiger not afraid of repetition:
Jesus costs more than Hitler. (Erhard Klein).

Twelfth b) improved papertiger not afraid of repetition:
Who is your favorite minority, who do you envy the most?

Twelfth c) improved papertiger not afraid of repetition:
Slushy cake is also just a place for stiffened members. It's like, sometimes I have the feeling that during Nazi time they made a mistake with me, throwing away the birth and bringing up the afterbirth. Or, it's exactly like in old times – he supported whole families while all that was left to him were two nuts. Now he is unemployed and gets food stamps. But, he must give up the food stamps to keep the nuts. To us it could happen, that we lose everything. (A. Oe. + M. K.)

Thirteenth improved papertiger not afraid of repetition:
A good artist is one of three when all three make art and become older than 50.

Fourteenth improved papertiger not afraid of repetition:
Now small, small, easy, easy. You do the unconscious things best.

Fourteenth a) improved papertiger not afraid of repetition:
I could lend you some, but I wouldn't be doing you a favor. Nothing to shit, because nothing was eaten. Head full of piss, that's like you is.

Fourteenth b) improved papertiger not afraid of repetition:
The soldier's servant on the rocking horse had a bad accident. Kaputt.

Fourteenth c) improved papertiger not afraid of repetition:
Fresh wares hidden in the compost. Jesus, child, don't become the Hector in the Conferencier's rose garden.

Fourteenth d) improved papertiger not afraid of repetition:
Mercy, mercy, jazz me a fix or there'll be Wackerstein with protest.

Fourteenth e) improved papertiger not afraid of repetition:
The drug addict's silence is calculated, yes, benevolent.

Fourteenth f) improved papertiger not afraid of repetition:
Stupid stories only arise when you don't need them.

Fourteenth g) improved papertiger not afraid of repetition:
Unrythmical suggestion is like National League.

Fourteenth h) improved papertiger not afraid of repetition:
Long live the Nürnberg Pizza-Trials. Please excuse my bad handwriting.

Fifteenth improved papertiger not afraid of repetition:
Who's knocking under the table and wants to come to the top? That's the lying neighbor who wants his peace. The captain is always there, even when the waves come, but he's no friend of drapery folds.

Sixteenth improved papertiger not afraid of repetition:
He who bothers others is also right.

Seventeenth improved papertiger not afraid of repetition:
The mortar of old Venetian buildings shows us the way to the central telephone office where they're picnicking, post-modern (horrible but true). He who makes clear architecture, should also remove the resulting trash.

Eighteenth improved papertiger not afraid of repetition:
He who has bad luck may all of a sudden deal with good luck.

Nineteenth improved papertiger not afraid of repetition:
Even a stubborn man smells the campfire. He doesn't raise his hands for protection, but for warmth.

Twentieth improved papertiger not afraid of repetition:
The modern connoisseur sees the calm corner – the son of a bitch disdains the embers but accidentally steps in them. (Laws are no longer our possessions, they come towards you and if you hit upon one, you don't have to apologize immediately, "hi" is okay too).

Twentyfirst improved papertiger not afraid of repetition:
The hero is confirmed on the street of today by sacrificing himself and living on.

Twentysecond improved papertiger not afraid of repetition:
Even if you can't understand the shit, you know what's meant by it.

Twentythird improved papertiger not afraid of repetition:
Some prefer paste for gluing. We patrons, on the other hand, use sealing wax.

Twentyfourth improved papertiger not afraid of repetition:
One can scorn church, but not a good upbringing.

Twentyfifth improved papertiger not afraid of repetition:
Why did Speer have to apologize for his architecture.

Twentysixth improved papertiger not afraid of repetition:
Uhu tastes good, pattex also.

Twentyseventh improved papertiger not afraid of repetition:
Never grumble, never complain, just act stupid, questions are harmful.

Twentyeighth improved papertiger not afraid of repetition:
This my father learned in school – French women don't wash themselves, they wear black underwear. (I learned a lot too, but didn't pay attention).

Twentyninth improved papertiger not afraid of repetition:
"I'm going to Paris."
"Boo, you pig!"

Thirtieth improved papertiger not afraid of repetition:
A disgusting joke, please? The best thing about fucking is masturbating.

Thirtyfirst improved papertiger not afraid of repetition:
Dear Mr. Schneckenburger,
Ever since my father took me as a child to visit Documenta, it was one of my greatest wishes as an artist to be invited to Documenta. Now this is the case. However, I thought that this participation also meant a discussion about my work and my person. Since I have not heard from you and have had no reaction after my conversation with Mr. Herzogenrath, I herewith decline your invitation.
With best regards,
Martin Kippenberger
Cologne, 21 March 1987

Thirtyfirst a) improved papertiger not afraid of repetition:
Dear Mr. Kippenberger,
In all the rush your letter was placed in the wrong pile of papers. Please accept my apologies that because of this, I am answering only now. I am more than sorry that you decline your invitation. We would have definitely arrived at a discussion about your work, but in Kassel, where it would have been most

up-to-date. Until then, however, plans and talks were in the hands of Wulf Herzogenrath. It's a pity, a great pity, that you drop out, even though you find yourself in best company.
With warm regards,
Manfred Schneckenburger
Kassel, 7 May 1987

Thirtyfirst b) improved papertiger not afraid of repetition:
Schnecki even had three chances.
1. To say "Good Evening, Mr. Kippenberger", when we sat at the same table at Chin's.
2. To send a postcard from his Christmas holidays.
3. And certainly the most difficult: to visit MK II in the studio.

Thirtysecond improved papertiger not afraid of repetition:
Were I to talk about art, you wouldn't believe me anyway and think it was a greeting from Milan Kunc.

Thirtythird improved papertiger not afraid of repetition:
According to Diedrich Diederichsen, Kippenberger has this in common with Marcel Proust – he is a spider.

Thirtythird a) improved papertiger not afraid of repetition:
Prisons have sacks in front of the doors – No Help for Sound Back Stage Flying – go Wave Horse ask detail.

Thirtythird b) improved papertiger not afraid of repetition:
Oh you, Christ, these moths here on the cross, with time, will envy you.

Thirtythird c) improved papertiger not afraid of repetition:
Signs of fatigue must be the very worst. Then, even I prefer excuses.

Thirtyfourth improved papertiger not afraid of repetition:
Are discos as stupid as I think, or am I the stupid one.
How do I deal with broken bones and futurism during wartime. Selling America and buying El Salvador.

Thirtyfifth improved papertiger not afraid of repetition:
Show-offs have wind in their shirts. Can one help with toothpicks?

Thirtysixth improved papertiger not afraid of repetition:
Two underpants meet in the same washing machine.

Thirtyseventh improved papertiger not afraid of repetition:
Terror on the egg-ledge. (Slang).

Thirtyeighth improved papertiger not afraid of repetition:
Only once in my life did my father hit and kick me, when he heard me say to my sister – when daddy isn't here I'll beat you to death (I meant the nice little bee).

Thirtyninth improved papertiger not afraid of repetition:
And at sometime we will start again, and again hit each other in the face.

Fortieth improved papertiger not afraid of repetition:
When we aren't necessarily carrying misery, we carry the mood.

Fortyfirst improved papertiger not afraid of repetition:
Even if you don't like Romy Schneider, she did have bad luck with her five year old son.

Fortyfirst a) improved papertiger not afraid of repetition:
I may not be the most intelligent, but for that I give the biggest tip.

Fortysecond improved papertiger not afraid of repetition:
Who can afford this statement: what isn't okay goes to the fairy tale tax. (Märchensteuer).

Fortysecond a) improved papertiger not afraid of repetition:
Many have forgotten to do shit in their lives, but everyone wants to have done it. And when your doorbell rings, go ahead and open the door, he just wants your apartment.

Fortythird improved papertiger not afraid of repetition:
Leave those brawlers in peace, because they are brave workers. Usually without pause, and without result.

Fortyfourth improved papertiger not afraid of repetition:
Salzburger Nockerln shouldn't be done at the horse barber (plastic surgeon).

Fortyfifth improved papertiger not afraid of repetition:
Science is an unmusical inhibition. (Il pleure dans mon coeur, comme il pleut sur la ville).

Fortysixth improved papertiger not afraid of repetition:
We aren't the fatherly friend of Rimbaud.

Fortyseventh improved papertiger not afraid of repetition:
Insults are also just meant as a joke.

Fortyeighth improved papertiger not afraid of repetition:
Here is Martin Kippenberger's limit: I read books because I want to know more.

Fortyninth improved papertiger not afraid of repetition:
I must be the torrero among the audience and not the misunderstood terrorist among the people: Olé!

Fiftieth improved papertiger not afraid of repetition:
Hello Olli.

Fiftyfirst improved papertiger not afraid of repetition:
While searching for my styles, and then while dancing, I constantly hit my head with my fist and wonder the next day where all the scratches come from (Olé II).

Fiftysecond improved papertiger not afraid of repetition:
As a theme, the plugs are already good.

Fiftythird improved papertiger not afraid of repetition:
Okay, clean and over.

Fiftyfourth improved papertiger not afraid of repetition:
At some point it's over, but not around 52.

Fiftyfifth improved papertiger not afraid of repetition:
Sing me the song of Lazareth.

Fiftysixth improved papertiger not afraid of repetition:
Klaus Kinski and not Mario Adorf (Klaus Kinski because he can definitely misbehave without noticing it himself).

Fiftyseventh improved papertiger not afraid of repetition:
Surrealism isn't enough anymore for soul searchers.

Fiftyeighth improved papertiger not afraid of repetition:
Let misunderstandings be of use, you must not insult Dieter Roth.

Fiftyninth improved papertiger not afraid of repetition:
And if we don't see each other again, perhaps in the second life, in the Ingresso al Vietnameso Bar down at the border, and there we'll see the Yugo Triangel Sisters again, and better than at the Plaza del Moda Deficile, and this time their hair isn't curled inwards but outwards, and therefore that long desired physical is from the inside and not towards the outside.

Sixtieth improved papertiger not afraid of repetition:
And when I tell my teacher that erotic is not easily comprehensible, I don't want her to teach me the opposite. She may fufill her duty, but unobtrusively.

Sixtyfirst improved papertiger not afraid of repetition:
And when we meet again under the palm roof (where linguistically one can't discern between friend and foe) and two women and nineteen men give their rendezvous as a reminder, then I insist that I choose the prettiest, handsomest (but only if the orange tin tables and orange seats are outlined). (Fanta calls Roger)

Sixtyfirst a) improved papertiger not afraid of repetition:
Too bad that there is no grade for hysteria.

Sixtyfirst b) improved papertiger not afraid of repetition:
The greatest would be to get undressed, pack the radio under your arm, and off into the bathtub.

Sixtysecond improved papertiger not afraid of repetition:
It's difficult to get just one intimacy out of your father (truth drizzle). Naturally that is shit compared to the maturity test for acceptance in high school. Arm up around your head and your hand overlaps the ear (too bad that such experiences aren't timeless).

Sixtythird improved papertiger not afraid of repetition:
When experiences say no, then our experiences from the good old days with women who say no, go wild. But, when I have a shit woman and a good old friend says that this is a good old shit woman, then I say to my good

old shit friend – shit on yourself. These are arguments among many others. Experiences belong to the past and good old friends, too. And, if I'm hot for a good, new, old friendship, then the chance arises to share a future full of shit. The highest goal is for everyone to be happy.

Sixtyfourth improved papertiger not afraid of repetition:
Do looks cast sideways become flies. I'll come with that too, maybe it can be refined.

Sixtyfifth improved papertiger not afraid of repetition:
If you drive forbidden actions, be careful to not only look good. We get the rest of the power from the broth.

Sixtyfifth a) improved papertiger not afraid of repetition:
They spat in my face and shat on my head, but if I had stayed at home, I would definitely be missing something.

Sixtyfifth b) improved papertiger not afraid of repetition:
Mongoloid toy doll. You think they stole your ideas, you think they dirtied your life. Then go to bed, the alarm clock will wake you.

Sixtyfifth c) improved papertiger not afraid of repetition:
What did they pour into your mother's milk?

Sixtyfifth d) improved papertiger not afraid of repetition:
When will we take the potatoes out of the fire today: General Gourmett.

Sixtysixth improved papertiger not afraid of repetition:
Treat chance well, it does not return.

Sixtyseventh improved papertiger not afraid of repetition:
Excuse me, please, what is the answer?

Martin Kippenberger

67 Verbesserte Papiertiger ohne Angst vor Wiederholung

Erster Verbesserter Papiertiger ohne Angst vor Wiederholung:
Markus Lüpertz über das künstlerische Schuldbewußtsein: ein Künstler sollte niemals etwas sinnvolles tun, niemals abwaschen oder gärtnern. Er sollte Scheiße bauen oder tagelang nichts tun, denn das nährt das künstlerische Schuldbewußtsein. Am besten arbeitet man mit einem Schuldbewußtsein. (Dies ist natürlich nicht notwendigerweise wahr).

Zweiter Verbesserter Papiertiger ohne Angst vor Wiederholung:
Der Gourmosoph verkörpert guten Geschmack (eine verbreitete Variante der Existenzverkörperung).

Dritter Verbesserter Papiertiger ohne Angst vor Wiederholung:
Wenn Du wieder mal mit fremden Winden konfrontiert bist und nicht weißt wie Du die Zeit verdicken sollst und denkst Einkaufen gehen wäre sinnvoll, aber es sollte etwas originelles sein, dann kaufe Rhum Phantasia für jemanden. Dann haben sie nicht die Verantwortung und Du bist auch nicht belastet. (Natürlich kann man Blumen kaufen, aber vielleicht für eine Frau die auf dem Weg nach Hause wohnt, dann braucht man die Blumen nicht solange zu tragen).

Vierter Verbesserter Papiertiger ohne Angst vor Wiederholung:
Kippenbergers bessere Wissenschaft: Gefühl, Intellekt, Erfahrung.

Vierter a) Verbesserter Papiertiger ohne Angst vor Wiederholung:
Zuhause stoned, da wo wir sind, aber morgen kein Mitleid für Draussen + Seiende.

Fünfter Verbesserter Papiertiger ohne Angst vor Wiederholung:
Und wer hat Dich heute Morgen liquidiert?

Sechster Verbesserter Papiertiger ohne Angst vor Wiederholung:
Es blüht in meinem Kindergarten, auch wenn es nicht meiner ist. Früher galt in unserem Garten: Auch wer ihn nicht kannte wurde herangeschleppt und mit seinen Spielzeugen beschenkt.(Zwangsbeglückung).

Sechster a) Verbesserter Papiertiger ohne Angst vor Wiederholung:
Jeder trägt Verantwortung. Die Erwartung bleibt übrig. Austauschbarkeit befreit von nächtlichen Pflichten. Lasst uns uns greller kleiden als die Angestellten.

Sechster b) Verbesserter Papiertiger ohne Angst vor Wiederholung:
Junge Matrosen in gestreiften Hemden erinnern uns an alte Matrosen, obwohl Matrosen nie all ihre Landgänge nehmen. Sie lieben ihre Nächsten, aber die Abstraktion scheint näher.

Sechster c) Verbesserter Papiertiger ohne Angst vor Wiederholung:
Wie breche ich in ein Pferd ohne Schwanz hinter der Hacienda (Ausnahme)?

Siebter Verbesserter Papiertiger ohne Angst vor Wiederholung:
Was ist ein faux pas? Wenn ich mich schlecht benehme, will ich nicht das Kleenex kriegen.

Siebter a) Verbesserter Papiertiger ohne Angst vor Wiederholung:
Liebesspiele sind eine öffentliche Definition von: das Kuchenstück anschauen das für jeden sichtbar und erreichbar ist. (Zuviele Achtel gezwitschert).

Achter Verbesserter Papiertiger ohne Angst vor Wiederholung:
Nichts als Kunst zu machen ist genau das richtige. (Im fünften Stock eines Hotels am See wurde Keith Moon gefragt, was er für Erfolg hält. Er stand auf, nahm Anlauf und sprang durch das Fenster).

Achter a) Verbesserter Papiertiger ohne Angst vor Wiederholung:
Wenn Greueltaten zu keinem Aufschrei führen – Gnade ist beste Todesstrafe.

Neunter Verbesserter Papiertiger ohne Angst vor Wiederholung:
Erschöpfung als Geste.

Zehnter Verbesserter Papiertiger ohne Angst vor Wiederholung:
Erinnern Sie sich an die Fingernägel von Jack Lang, dem ehemaligen französischen Kulturminister.

Zehnter a) Verbesserter Papiertiger ohne Angst vor Wiederholung:
Da die Liberalisierung des erhofften Heims populär wird, wird es schwieriger auf dem Recht auf Darstellung zu bestehen.

Elfter Verbesserter Papiertiger ohne Angst vor Wiederholung:
Pasta ad Astra! Durch die Nudel zu den Sternen!

Elfter a) Verbesserter Papiertiger ohne Angst vor Wiederholung:
Gelassenheit ist gefragt: Bettler knien auf den Strassen für zehn Mark.

Zwölfter Verbesserter Papiertiger ohne Angst vor Wiederholung:
Im Ristorante bestellen wir Jota o Minestrone di Statione und beschmieren damit unsere übersättigten Wunden (kein Appetit, aber wir machen weiter um unsere Sitzplätze zu behalten). Überlisten ist gut, stehen unbequem, und die Plätze von ausgezeichneten, fliegenden Matrosen übernehmen.

Zwölfter a) Verbesserter Papiertiger ohne Angst vor Wiederholung:
Jesus kostet mehr als Hitler (Ehrhard Klein).

Zwölfter b) Verbesserter Papiertiger ohne Angst vor Wiederholung:
Was ist ihre Lieblingsminderheit, wen beneiden Sie am meisten?

Zwölfter c) Verbesserter Papiertiger ohne Angst vor Wiederholung:
Matschiger Kuchen ist auch einfach nur ein Platz für steife Mitglieder. Es ist wie: Manchmal habe ich das Gefühl, dass man in der Nazizeit einen Fehler mit mir gemacht hat, mich weggeschmissen und die Nachgeburt großgezogen hat. Oder es ist genau wie in alten Zeiten: Er hat ganze Familien unterstützt mit nichts als zwei Eiern. Jetzt ist er arbeitslos und bekommt Essensmarken. Aber er muß die Essensmarken aufgeben um die Eier zu behalten. Uns könnte es passieren, dass wir alles verlieren.

Dreizehnter Verbesserter Papiertiger ohne Angst vor Wiederholung:
Ein guter Künstler ist einer von Dreien – wenn alle Drei Kunst machen und älter als Fünfzig werden.

Vierzehnter Verbesserter Papiertiger ohne Angst vor Wiederholung:
Jetzt aber, klein, klein, leicht, leicht. Du machst die unbewußten Dinge am besten.

Vierzehnter a) Verbesserter Papiertiger ohne Angst vor Wiederholung:
Ich könnte Dir was leihen, würde Dir damit aber keinen Gefallen tun. Nichts zum scheissen, weil nichts gegessen, den Kopf voller Pisse, so biste.

Vierzehnter b) Verbesserter Papiertiger ohne Angst vor Wiederholung:
Der Diener des Soldaten auf dem bockenden Pferd hatte einen schlimmen Unfall. Kaputt.

Vierzehnter c) Verbesserter Papiertiger ohne Angst vor Wiederholung:
Frische Waren versteckt im Kompost. Jesus, Kind, sei nicht der Hector im Rosengarten des Konferenziers.

Vierzehnter d) Verbesserter Papiertiger ohne Angst vor Wiederholung:
Gnade, Gnade, jazz mir einen Fix oder es gibt Wackerstein mit Protest.

Vierzehnter e) Verbesserter Papiertiger ohne Angst vor Wiederholung:
Das Schweigen des Drogensüchtigen ist berechnend, ja, freiwillig.

Vierzehnter f) Verbesserter Papiertiger ohne Angst vor Wiederholung:
Blöde Geschichten passieren nur wenn Du sie nicht brauchst.

Vierzehnter g) Verbesserter Papiertiger ohne Angst vor Wiederholung:
Unrythmische Vorschläge sind wie Bundesliga.

Vierzehnter h) Verbesserter Papiertiger ohne Angst vor Wiederholung:
Lang leben die Nürnberger Pizza Prozesse. Bitte entschuldigen Sie meine schlechte Handschrift.

Fünfzehnter Verbesserter Papiertiger ohne Angst vor Wiederholung:
Wer klopft unter dem Tisch und will nach oben kommen? Es ist der lügende Nachbar, der seine Ruhe will. Der Kapitän ist immer da, selbst wenn die Wellen kommen, aber er ist kein Freund von Faltenwürfen.

Sechzehnter Verbesserter Papiertiger ohne Angst vor Wiederholung:
Wer andere nervt hat auch recht.

Siebzehnter Verbesserter Papiertiger ohne Angst vor Wiederholung:
Der Mörtel alter venezianischer Gebäude weist uns den Weg zum Zentralen Telefon Büro, wo post-modern gepicknickt wird (schrecklich aber wahr). Wer klare Architektur macht sollte auch den entstehenden Müll wegmachen.

Achtzehnter Verbesserter Papiertiger ohne Angst vor Wiederholung:
Wer Pech hat kann plötzlich mit Glück zu tun haben.

Neunzehnter Verbesserter Papiertiger ohne Angst vor Wiederholung:
Auch ein dickköpfiger Mann riecht das Lagerfeuer. Er hebt seine Hände nicht zum Schutz, sondern zur Wärme.

Zwanzigster Verbesserter Papiertiger ohne Angst vor Wiederholung:
Der moderne Kunstkenner sieht die ruhige Ecke. Der Hurensohn verachtet die glühenden Kohlen und tritt versehentlich auf sie. (Gesetze sind nicht mehr unser Besitz, sie kommen auf Dich zu und wenn Du auf eines triffst, musst Du Dich nicht sofort entschuldigen, „Hi“ ist auch okay.

Einundzwanzigster Verbesserter Papiertiger ohne Angst vor Wiederholung:
Der Held unserer Tage wird auf der Strasse bestätigt, in der er sich opfert und weiterlebt.

Zweiundzwanzigster Verbesserter Papiertiger ohne Angst vor Wiederholung:
Selbst wenn Du die Scheisse nicht verstehst, weißt Du wie sie gemeint ist.

Dreiundzwanzigster Verbesserter Papiertiger ohne Angst vor Wiederholung:
Einige bevorzugen Klebstoffe um zu kleben. Wir Gönner dagegen benutzen Siegellack.

Vierundzwanzigster Verbesserter Papiertiger ohne Angst vor Wiederholung:
Man kann die Kirche verachten, aber nicht eine gute Erziehung.

Fünfundzwanzigster Verbesserter Papiertiger ohne Angst vor Wiederholung:
Was muss sich Speer für welche Architektur entschuldigen?

Sechsundzwanzigster Verbesserter Papiertiger ohne Angst vor Wiederholung:
Uhu schmeckt gut, Pattex auch.

Siebenundzwanzigster Verbesserter Papiertiger ohne Angst vor Wiederholung:
Niemals nörgeln, niemals klagen, stell Dich dumm, denn Fragen schaden.

Achtundzwanzigster Verbesserter Papiertiger ohne Angst vor Wiederholung:
Dies lernte mein Vater in der Schule: Französische Frauen waschen sich nicht, sie tragen schwarze Unterwäsche. (Ich lernte auch viel, achtete aber nicht darauf).

Neunundzwanzigster Verbesserter Papiertiger ohne Angst vor Wiederholung:
„Ich fahre nach Paris“. „Boah, Du Sau!“

Dreißigster Verbesserter Papiertiger ohne Angst vor Wiederholung:
Einen schmutzigen Witz bitte? Das beste am ficken ist wichsen.

Einunddreißigster Verbesserter Papiertiger ohne Angst vor Wiederholung:
Sehr geehrter Herr Schneckenburger,
Seit ich als Kind mit meinem Vater die Dokumenta besucht habe, war es immer einer meiner größten Wünsche als Künstler zur Dokumenta eingeladen zu werden. Dies ist nun der Fall. Allerdings habe ich mir die Zusammenarbeit auch als Auseinandersetzung mit meiner Arbeit und meiner Person vorgestellt.

Da ich bis heute nichts von Ihnen gehört habe und auf mein Gespräch mit Herrn Herzogenrath keine Reaktion von Ihnen kam, möchte ich ihnen hiermit absagen.
Mit besten Grüßen
Martin Kippenberger
Köln 21. März 1987

Einunddreißigster a) Verbesserter Papiertiger ohne Angst vor Wiederholung:
Lieber Herrr Kippenberger,
in all dem Trubel ist Ihr Brief unter dem falschen Papierberg geraten. Entschuldigen Sie, wenn ich Ihnen deshalb erst heute antworte.
Ihre Absage tut mir mehr als leid. Zu einer Auseinandersetzung mit Ihrer Arbeit wäre es ganz sicher gekommen – allerdings in Kassel, wo sie am aktuellsten präsent gewesen wäre.
Zunächst lagen Gespräche und Diskussionen allerdings bei Wulf Herzogenrath.
Schade, sehr schade, daß Sie aussteigen, auch wenn Sie dabei in bester Gesellschaft sind.
Mit herzlichen Grüßen,
Manfred Schneckenburger
Kassel, 7. Mai 1987

Einunddreißigster b) Verbesserter Papiertiger ohne Angst vor Wiederholung:
Schnecki hatte sogar drei Chancen:
1. „Guten Abend“ zu sagen, als wir am selben Tisch im Chin's saßen.
2. Aus den Weihnachtsferien ein Postkarte schicken.
3. Und sicherlich das schwierigste: MK II im Atelier besuchen.

Zweiunddreißigster Verbesserter Papiertiger ohne Angst vor Wiederholung:
Müßte ich über Kunst reden würdet ihr mir eh nicht glauben und denken, es sei ein Gruß von Milan Kunc.

Dreiunddreißigster Verbesserter Papiertiger ohne Angst vor Wiederholung:
Laut Diedrich Diederichsen hat Kippenberger dies mit Marcel Proust gemein: Er ist eine Spinne.

Dreiunddreißigster a) Verbesserter Papiertiger ohne Angst vor Wiederholung:
Gefängnisse haben Säcke vor den Türen – Keine Hilfe bei Sound Back Stage Flying – Details bei Wave Horse.

Dreiunddreißigster b) Verbesserter Papiertiger ohne Angst vor Wiederholung:
Oh Du Christ, diese Motten hier auf dem Kreuz, auf lange Sicht wird man Dich für das beneiden.

Dreiunddreißigster c) Verbesserter Papiertiger ohne Angst vor Wiederholung:
Zeichen von Erschöpfung müssen das schlimmste sein, dann lieber Entschuldigungen.

Vierunddreißigster Verbesserter Papiertiger ohne Angst vor Wiederholung:
Sind die Discos so blöd wie ich denke, oder bin ich der Blöde. Wie komme ich in Kriegszeiten mit gebrochenen Knochen und Futurismus klar. Amerika verkaufen, El Salvador kaufen.

Fünfunddreißigster Verbesserter Papiertiger ohne Angst vor Wiederholung:
Ego-Shows haben Wind im Hemd. Hat einer Zahnstocher?

Sechsunddreißigster Verbesserter Papiertiger ohne Angst vor Wiederholung:
Zwei Unterhosen treffen sich in der Waschmaschine.

Siebenunddreißigster Verbesserter Papiertiger ohne Angst vor Wiederholung:
Terror auf dem Eierschalenvorsprung. (Gossensprache).

Achtunddreißigster Verbesserter Papiertiger ohne Angst vor Wiederholung:
Nur einmal in seinem Leben schlug und trat mich mein Vater – als er hörte, wie ich zu meiner Schwester sagte: Wenn Papa nicht da ist, schlag' ich dich tot. (Ich meinte die nette kleine Biene).

Neununddreißigster Verbesserter Papiertiger ohne Angst vor Wiederholung:
Eines Tages werden wir wieder anfangen, uns in die Fresse zu schlagen.

Vierzigster Verbesserter Papiertiger ohne Angst vor Wiederholung:
Wenn wir uns nicht im Elend suhlen, suhlen wir uns in der Laune.

Einundvierzigster Verbesserter Papiertiger ohne Angst vor Wiederholung:
Selbst wenn Sie Romy Schneider nicht mögen, sie hatte Pech mit ihrem fünf Jahre alten Sohn.

Einundvierzigster a) Verbesserter Papiertiger ohne Angst vor Wiederholung:
Ich bin vieleicht nicht der Intelligenteste, aber ich gebe die fettesten Trinkgelder.

Zweiundvierzigster Verbesserter Papiertiger ohne Angst vor Wiederholung:
Wer kann diese Behauptung aushalten: Was unakzeptabel ist, verfällt der Märchensteuer. (Fairytale Tax).

Zweiundvierzigster a) Verbesserter Papiertiger ohne Angst vor Wiederholung:
Viele haben vergessen in ihrem Leben Scheisse zu bauen,aber jeder will es getan haben, Wenn es klingelt, los, öffne die Tür, er will nur Deine Wohnung.

Dreiundvierzigster Verbesserter Papiertiger ohne Angst vor Wiederholung:
Lass' die Lärmer in Ruhe. Sie sind ehrliche Arbeiter, meistens ohne Pause und ohne Ergebnis.

Vierundvierzigster Verbesserter Papiertiger ohne Angst vor Wiederholung:
Salzburger Nockerln sollten nicht beim Pferdebarbier hergestellt werden (Schönheitschirurg).

Fünfundvierzigster Verbesserter Papiertiger ohne Angst vor Wiederholung:
Wissenschaft ist unmusikalische Hemmung. (Il pleure dans mon coeur, comme il pleut sur la ville).

Sechsundvierzigster Verbesserter Papiertiger ohne Angst vor Wiederholung:
Wir sind nicht der väterliche Freund von Rimbaud.

Siebenundvierzigster Verbesserter Papiertiger ohne Angst vor Wiederholung:
Beleidigungen sind irgendwie auch gemeinter Witz.

Achtundvierzigster Verbesserter Papiertiger ohne Angst vor Wiederholung:
Hier ist die Grenze von Martin Kippenberger: Ich lese Bücher um mehr zu wissen.

Neunundvierzigster Verbesserter Papiertiger ohne Angst vor Wiederholung:
Ich muß der Torrero für die Zuschauer sein und nicht der mißverstandene Terrorist unterm Volk: Ole!

Fünfzigster Verbesserter Papiertiger ohne Angst vor Wiederholung:
Hello Olli.

Einundfünzigster Verbesserter Papiertiger ohne Angst vor Wiederholung:
Nach Stilen suchend und dann auch tanzend schlug ich meine Faust stetig in meine Fresse und wunderte mich am nächsten Tag über Spuren (Ole II).

Zweiundfünzigster Verbesserter Papiertiger ohne Angst vor Wiederholung:
Als Thema sind Stecker ziemlich gut.

Dreiundfünzigster Verbesserter Papiertiger ohne Angst vor Wiederholung:
Oh ja, sauber und weg.

Vierundfünzigster Verbesserter Papiertiger ohne Angst vor Wiederholung:
An manchen Punkten ist es vorbei, aber nicht um die zweiundfünfzig.

Fünfundfünzigster Verbesserter Papiertiger ohne Angst vor Wiederholung:
Sing mir den Song von Lazareth.

Sechsundfünzigster Verbesserter Papiertiger ohne Angst vor Wiederholung:
Klaus Kinski und nicht Mario Adorf (Klaus Kinski weil er sich schlecht benehmen kann ohne sich selbst zu bemerken).

Siebenundfünzigster Verbesserter Papiertiger ohne Angst vor Wiederholung:
Surrealismus ist nicht mehr gut genug für suchende Seelen.

Achtundfünzigster Verbesserter Papiertiger ohne Angst vor Wiederholung:
Lasst Mißverständnisse nützlich sein, beleidigt nicht Dieter Roth.

Neunundfünzigster Verbesserter Papiertiger ohne Angst vor Wiederholung:
Und wenn wir uns nicht wiedersehen, im zweiten Leben vieleicht, in der „Ingresso al Vietnameso Bar“, unten an der Grenze, und dann sehen wir die „Yugo Triangel Sisters“ nochmals und noch besser als in der „Plaza del Moda Defile“, und dieses Mal werden sie ihre Haare nicht nach innen geföhnt haben, sondern nach aussen, und deswegen ist da dieses lange körperliche Verlangen von die Innen und nicht von die Aussen.

Sechzigster Verbesserter Papiertiger ohne Angst vor Wiederholung:
Und wenn ich meiner Lehrerin erzähle, daß das Erotische nicht so leicht verstehbar ist, will ich nicht, das sie mir das Gegenteil erzählt. Sie mag ihre Pflicht erfüllen, aber nicht aberwitzig.

Einundsechzigster Verbesserter Papiertiger ohne Angst vor Wiederholung:
Und wenn wir uns wieder unter dem Palmendach treffen, (wo sprachlich man Freund und Feind wahrnehmen kann) und zwei Frauen und neunzehn Männer sich zur Erinnerung treffen, dann bestehe ich darauf, dass ich mir die hübscheste, attraktivste aussuche (aber nur, wenn die orangen Blechtische und orangen Stühle scharf konturiert sind). (Fanta ruft Roger an.)

Einundsechzigster a) Verbesserter Papiertiger ohne Angst vor Wiederholung: Schade, dass es keine Scala für Hysterie gibt.

Einundsechzigster b) Verbesserter Papiertiger ohne Angst vor Wiederholung: Das Größte wäre sich nackt machen, Radio unter den Arm klemmen und ab in die Badewanne.

Zweiundsechzigster Verbesserter Papiertiger ohne Angst vor Wiederholung: Es ist schwierig Vertraulichkeiten aus Deinem Vater zu quetschen (Wahrheitsniesel). Verglichen mit dem Abitur ist das natürlich nur Scheisse: Arm um den Kopf und Hand aufs Ohr (schade dass solche Erfahrungen nicht zeitlos sind).

Dreiundsechzigster Verbesserter Papiertiger ohne Angst vor Wiederholung: Wenn Erfahrungen Nein sagen, dann sind unsere Erfahrungen aus der guten alten Zeit mit Frauen, die Nein sagen, durchgeknallt. Doch wenn ich eine beschissene Frau habe und ein guter alter Freund sagt dass dies eine schöne beschissene Frau ist, dann sage ich zu meinem guten alten Freund: Selber beschissen. Dies sind Streitigkeiten unter vielen. Erfahrungen gehören der Vergangenheit an und gute alte Freunde auch. Und wenn ich heiß auf eine gute neue alte Freundschaft bin, dann steigen die Chancen auf eine gemeinsame Zukunft voll der Scheisse. Das höchste Ziel von Jedermann ist glücklich sein.

Vierundsechzigster Verbesserter Papiertiger ohne Angst vor Wiederholung: Wenn Blicke zur Seite huschen, flieh – ich kann sowas auch, vielleicht kann es kultiviert werden.

Fünfundsechzigster Verbesserter Papiertiger ohne Angst vor Wiederholung: Wenn Du Verbotenes treibst, solltest Du nicht nur gut aussehen, sondern sicher sein auch gut zu lügen. Den Rest der Kraft kriegen wir von der Fleischbrühe.

Fünfundsechzigster a) Verbesserter Papiertiger ohne Angst vor Wiederholung: Sie spuckten in mein Gesicht und schissen auf meinen Kopf, aber wenn ich zu Hause geblieben ware hätte ich schwer was verpasst.

Fünfundsechzigster b) Verbesserter Papiertiger ohne Angst vor Wiederholung: Mongoloide Spielzeugpuppe. Du glaubst, sie haben Dir Deine Ideen gestohlen, Du glaubst, sie haben Dein Leben versaut; geh schlafen, auf den Wecker ist Verlass.

Fünfundsechzigster c) Verbesserter Papiertiger ohne Angst vor Wiederholung: Was haben sie Dir in die Muttermilch gemischt?

Fünfundsechzigster d) Verbesserter Papiertiger ohne Angst vor Wiederholung: Wann holen wir heute die Kartoffeln aus dem Feuer: General Gourmett.

Sechsundsechzigster Verbesserter Papiertiger ohne Angst vor Wiederholung: Behandle das Glück gut, es kommt nicht wieder.

Siebenundsechzigster Verbesserter Papiertiger ohne Angst vor Wiederholung: Entschuldigung bitte, was ist die Antwort?

Thank you to Werner Büttner for the German translation of Martin's English.
Thank you to Albert Oehlen.

Cover photograph: Barge Sylvester, sofa by John Chamberlain, 10 White Street, New York, October 1987
Back cover photograph: Hotel Elite, Vienna, September 1987
Flap photograph: Dolceacqua, August 1987

67 Improved Papertigers Not Afraid of Repetition
was originally published by Edition Julie Sylvester, New York 1987

ISBN 978-3-8296-0350-8

A Schirmer/Mosel Production
www.schirmer-mosel.com